AF229023

GUERRE DE 1870

LES
PRUSSIENS A VERSAILLES

ET DANS

LE DÉPARTEMENT DE SEINE-ET-OISE

PROTESTATION

Contre les assertions du **Moniteur officiel prussien**

PAR

JAIME

PRIX : 50 CENTIMES

Au profit de la Caisse de Secours aux Victimes de la Guerre

PARIS

LIBRAIRIE E. LACHAUD, ÉDITEUR

4, PLACE DU THÉATRE-FRANÇAIS, 4

CHEZ TOUS LES LIBRAIRES DE VERSAILLES ET DES DÉPARTEMENTS

1871

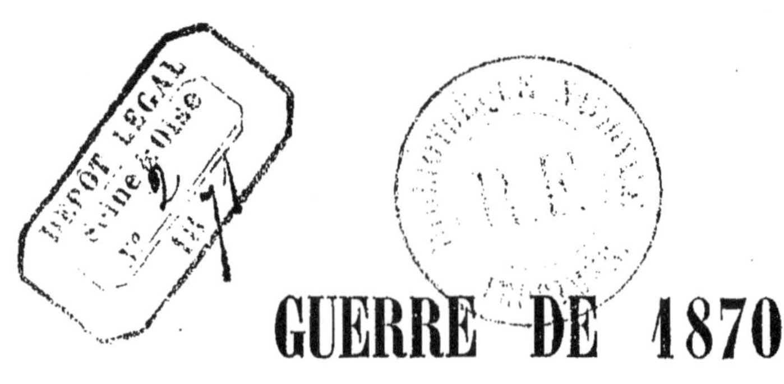

GUERRE DE 1870

(Cette protestation trop longtemps contenue, rapidement et fiévreusement exprimée, sans nul doute, a besoin dans sa forme, de l'indulgence des lecteurs français; ils voudront bien reconnaître que, dans l'ardeur de la défense, on ne se préoccupe pas de polir ses armes, il suffit qu'elles soient acérées !)

Les villes de France qui ont été occupées par les armées allemandes ont pu apprécier l'orgueil incommensurable de leur état-major.

Versailles, quartier général, affligé pendant six mois de la présence du roi Guillaume et de son ministre de Bismark, a le triste privilége d'être renseigné sur ce point ! Le *Moniteur officiel* prussien est le seul journal qui y ait été imprimé, et Dieu sait quelle source de mensonge et de forfanterie.

Si, avec une bonne foi dont ils sont dépourvus, ces gens-là avaient déclaré que leur souverain, cédant aux réclamations du gouvernement français, renonçant pour le prince de Hohenzollern à la candidature du trône d'Espagne, on avait trop exigé en lui imposant une garantie dans l'avenir; que cette exigence était une atteinte à la dignité de sa parole donnée, et que la guerre qu'on lui avait déclarée, alors que l'unification récente de l'Allemagne donnait à la Prusse une force consi-

dérable, était une inconcevable imprudençe ; que
les menaces, souvent répétées à la tribune parle-
mentaire et dans nos journaux, pouvaient faire
craindre au peuple allemand que la France victo-
rieuse voulût retrouver ses limites naturelles et
s'emparer, en outre, d'une partie de son terri-
toire ! qu'à peine constituée l'Allemagne risquait
de voir son œuvre compromise.

Qu'en conséquence, tout entière, elle s'indi-
gna, prit les armes et se prépara à combattre
sans être sûre de triompher, malgré qu'elle fût
informée de notre infériorité numérique : les
causes de nos désastres sont connues, la Prusse
aurait pu reconnaître que fatalement les circons-
tances l'ont favorisée : elle eût pu dire que son
matériel de guerre, le nombre de ses soldats, le
désarroi de Sedan et l'incroyable reddition de
Metz avaient rendu sa tâche facile, qu'elle avait
abandonné toute idée de gloire ; que le positi-
visme était sa seule règle ; que, loin de chercher
à s'emparer de Paris, aux prix d'efforts considérables et probablement infructueux, elle avait
préféré user de patience, s'en rapporter au trou-
ble, aux difficultés que nos dissensions intérieu-
res ne manqueraient pas de susciter ; et, qu'en
fin de compte, peu lui importait que le résultat
ne fût pas brillant, pourvu qu'il fût solide.

Le ministre Bismark, ce grand disciple de Ma-
chiavel, se serait bien gardé d'ajouter :

« Ces petits Etats, ces royaumes qui, aujour-
» d'hui font ma force et ma puissance, j'ai an-
» nexé les uns par la violence, séduit et entraîné

» les autres par l'astuce et la duplicité, entrete-
» nant avec soin les sentiments de haine contre
» la France, j'ai sans cesse affirmé sa soif de con-
» quêtes ; et, pour éviter un danger qui ne me-
» naçait aucun d'eux, tous sont tombés dans le
» piége tendu par mon ambition. Singulière
» contradiction : ces électeurs, ces ducs, ces rois,
» pour demeurer indépendants, sont devenus les
» vassaux de mon maître ; j'avais préparé de lon-
» gue main les ferments de cette guerre, qu'il me
» fallait pour m'attacher mes nouvelles recrues ;
» cette guerre était au bout de mon hameçon,
» Napoléon III l'a fatalement saisie ! »

Rien de tout cela n'a été dit ou avoué. Dans l'ivresse du succès on a perdu toute pudeur, les soldats de la Prusse se sont travestis en héros ; l'Allemagne s'est enveloppée d'une auréole de gloire qui devait éblouir et aveugler l'Europe : les bulletins des armées, les dépêches à Berlin, la proclamation de l'Empire allemand dans l'antique demeure de Louis XIV ; vanités, clinquant, boursouflure dont il est nécessaire de faire justice, et nous devons au patriotisme français et à la vérité le tableau comparatif des guerres de 1806 et de 1870. Nous procéderons par ordre :

Oui ! la guerre déclarée à la Prusse en 1870 a été une faute à jamais déplorable : la réponse du roi Guillaume à la note concernant le prince de Hohenzollern n'était pas aussi catégorique qu'on eût pu le désirer, mais elle ne faisait pas nettement pressentir une rupture : d'ailleurs, dès l'année 1867, le maréchal Niel et M. Rouher lui-même signalaient l'organisation militaire de la Prusse, et cependant, en 1870, on n'avait rien fait, on n'était point en mesure malgré les assertions trompeuses du ministre de la guerre, et la patriotique et sage parole de M. Thiers eût dû être écoutée.

Les gouvernements, hélas! sont parfois sujets aux mêmes fautes.

En 1806, les armées françaises triomphaient *au milieu de l'Allemagne ;* après la victoire d'Austerlitz, l'Autriche était abattue, l'Europe inquiète, intimidée : la Prusse, qui était restée immobile lorsqu'elle aurait eu pour alliées l'Angleterre, la Russie, l'Autriche, la Suède, imagine tout à coup de s'attaquer *seule* au colosse! Aberration inouïe! Napoléon 1er, toujours menacé d'une grande coalition, comprenait la nécessité d'une alliance. Les esprits sensés, à Berlin, recommandaient de rechercher son amitié; mais, une cour passionnée, une noblesse présomptueuse, qui composait l'état-major de l'armée, croyant posséder l'habileté et les traditions militaires du grand Frédéric, dominaient un roi faible! Au moment où Napoléon, au moyen de quelques explications loyales, pouvait devenir un ami, un patriotisme irréfléchi, une confiance étrange l'emportait : le cabinet de Berlin, dans une note, *exigeait* des explications sur les intentions définitives de l'empereur, et la retraite immédiate des troupes françaises en deça du Rhin; un funeste égarement avait pu seul inspirer cette note, qui fut remise le 7 octobre au quartier-général français. Le *lendemain* 8, l'armée devait se retirer. Napoléon s'était abstenu de toute démarche offensive, il attendait que la Prusse se donnât le tort de l'agression ; après avoir lu cette dépêche, l'Empereur dit au major-général Berthier : nous serons exacts au rendez-vous. Le 8, l'armée française entrait en Saxe. N'est-il pas vrai que les gouvernants sont sujets aux mêmes fautes ?

L'armée prussienne comptait 185,000 hommes : le duc de Brunswick, neveu du grand Frédéric, commandait le corps principal ; le duc de Weimar l'avant-garde ; le prince de Hohenlohe le second corps ; la réserve était confiée au prince de Wurtemberg ; le vieux maréchal de Mollendorf assistait le duc de Brunsvick ; le prince Frédéric-Auguste, le prince Guillaume, le prince Louis, le maréchal Kalkreut, les généraux Blucher, Tauenzien, Ruchel, Holzendorf, Grawert, Zeschwitz, Schmettau, Wartensleben commandaient toutes les autres forces.

L'armée française, forte de 190,000 hommes, était commandée par l'empereur Napoléon qui dirigeait toutes les opérations. Autour de lui brillait cette pléiade dont notre histoire ne cessera de s'enorgueillir : Lannes, Ney, Murat, Davout, Soult, Augereau, Bernadotte, Lasalle, Friant, Gudin, Suchet, Maison, Morand, Drouet, d'Hautpoul, Nansouty, Védel, Lemarrois, Gazan, Dupont, Saint-Hilaire.

De part et d'autre eurent lieu des prodiges de valeur : les armées en présence étaient toutes deux instruites et braves. Après quinze jours d'une lutte acharnée que termina la bataille d'Iéna et celle

d'Awerstaedt, la plus meurtrière après Marengo ;
malgré les efforts désespérés de la noblesse militaire prussienne qui se sentait responsable de
tant de malheurs, les soldats, qui n'avaient pas
partagé les illusions de leurs chefs, quittaient
leurs cadres, abandonnaient leurs armes et se
dérobaient à la poursuite des Français victorieux.

La puissance prussienne était anéantie, ce n'é-
tait pas la bravoure personnelle des chefs militaires qu'il fallait accuser, c'était leur présomption et leur aveuglement; c'était la faiblesse d'un
roi qui, à force d'entendre sa noblesse répéter
qu'elle était invincible, s'était laissé naïvement
persuader; c'était l'incurie d'un gouvernement
qui n'avait pas mis ses places en état suffisant de
défense.

C'est ainsi qu'Erfurt, sommée de se rendre le
15 octobre au matin, capitule le soir même à
5 heures, abandonnant 6,000 blessés, 9,000 prisonniers et un butin immense.

Spandau, 25 octobre, se rend à la première
sommation, livrant à l'ennemi sa nombreuse
garnison.

Prenzlow, 28 octobre. En moins de 24 heures,
Murat force le prince de Hohenlohe à capituler :
14,000 hommes d'infanterie, 2,000 de cavalerie se
constituent prisonniers de guerre.

Stettin, dans le même temps, — fait unique
dans l'histoire des places fortes — se rend à un
officier de cavalerie, le général Lasalle ; il parle
avec tant d'assurance, au gouverneur, de la dé-
faite de l'armée prussienne, que celui-ci rend la

place avec tout ce qu'elle contient, et livre prisonnière une garnison de 6,000 hommes.

Lubeck, le 7 novembre, est enlevé de vive force et Blucher capitule avec tout son corps d'armée.

Custrin, place importante, se soumet à quelques compagnies d'infanterie : 4,000 prisonniers, des magasins considérables sont le prix de cette capitulation.

Magdebourg. 22,000 hommes de garnison et et un vaste matériel; le maréchal Ney menace la place d'un bombardement, menace que généreusement il se garde bien d'exécuter, *deux* ou *trois* bombes jetées en l'air intimident la population qui demande qu'on se rende, la monarchie prussienne étant perdue. Le général Kleist se paye de ces raisons, et livre Magdebourg avec 22,000 prisonniers. Cette dernière capitulation avait lieu le 8 novembre.

Dès le 27 octobre, Napoléon était entré triomphalement à Berlin, NON PAS DANS UN FAUBOURG, DANS UNE AVENUE, MAIS DANS BERLIN, AU CŒUR DE BERLIN ! *toute la population voulut voir ce spectacle imposant : la foule immense, silencieuse, était dans les rues; la riche bourgeoisie aux fenêtres; la noblesse avait disparu remplie de crainte et couverte de confusion !* Nous soulignons à dessein tout ce passage.

En un mois, le second successeur du grand Frédéric se trouvait sans soldats et sans états. « Le secret de cette catastrophe (dit M. Thiers dans son *Histoire du Consulat et de l'Empire*), on le trouvera dans la démoralisation qui suit ordinairement une présomption folle; les Prussiens qui avaient nié la supériorité militaire des Français en furent tellement saisis, qu'ils ne crurent plus la résistance possible, » et cependant la Prusse n'était pas divisée; chez elle les partis ne s'étaient pas préoccupés, en présence de l'ennemi, du triomphe de leurs opinions.

Examinons maintenant les phases diverses de la guerre de 1870. Il ne s'agit plus ici de 190,000 hommes en présence de 185,000 : la partie eût été trop belle! La France, qui dispose à peine de 350,000 soldats, doit lutter contre 900,000. Ses gouvernants ont oublié que la Prusse n'est plus seulement la Prusse, c'est l'Allemagne tout entière : Saxons, Badois, Wurtembergeois, Bavarois. Les Prussiens ont des Bavarois qu'ils placeront en avant dans les combats, et qui leur serviront d'abri. Que de fois ces pauvres soldats Bavarois se sont plaints de cette façon d'agir; ils essuyaient le premier feu sur les champs de bataille comme on essuie les plâtres dans les maisons fraîchement construites.

La première affaire, combat de Sarrebruck, est une lueur qui soudain disparaît; Wissembourg commence la série de nos désastres; puis vient Sedan : Mac-Mahon, blessé mortellement, ne saurait être remplacé! Nos ennemis, forts de leur nombre, forts d'une ressource d'artillerie jusqu'alors inconnue, vont s'opposer à nos moyens ordinaires de succès; ce n'est plus corps à corps que les hommes doivent combattre; cette furie française tant renommée est désormais impuissante ; à des distances énormes, la mitraille paralyse nos efforts ! Ce système de guerre, notre état-major ne l'avait pas prévu.

Après Sedan, nous cherchons les dangers que brave l'armée allemande : elle fait tout simplement, en traversant les villes ouvertes, une promenade militaire. Quelques rares combats, où nos soldats fesaient subir aux ennemis de rudes épreuves ! Mais, l'artillerie ! Une forêt de canons, et toujours à distance ; nos braves et malheureux soldats, pas de généraux, pas de chefs expérimen_ tés ! Pélissier, Niel, Bosquet, Lamoricière, vos ombres doivent frémir !... Canrobert, Bazaine, Uhrich, sont à Metz, à Strasbourg ; Strasbourg ! Metz ! là est notre espoir. Strasbourg ! Uhrich méritent notre admiration. Metz !..... Lebœuf, Canrobert, Bazaine !..... trois maréchaux français, une armée dévouée et une reddition effroyable ; le temps donnera la clef de cette triste énigme : Bismark ! Bismark ! ton infernal génie aura pénétré dans ces murs : ces hommes de guerre, circonvenus, égarés par toi, auront oublié qu'au-dessus de tout, il y avait la France !

Quoi qu'il en soit, c'est une grande gloire pour ton maître Guillaume ; les rares sorties qu'ont faites les assiégés ont coûté cher à tes soldats esclaves, mais, patients, prudents comme toujours, vous avez attendu, braves Germains, que la fa_ mine vous soit venue en aide !

Metz en votre pouvoir, à peu de frais, vous vous êtes rués sur Paris ; mais... avec précaution. Versailles, St-Germain, tout le réseau à 20 kilomètres vous a paru une étape raisonnable. Quelle illusion ! nos braves voisins supposaient qu'une armée innombrable aurait à cœur d'emporter un trophée qui ferait l'orgueil de l'Allemagne ! et les remparts de Paris se garnissaient de canons, chaque citoyen devenait un soldat, tous attendaient l'heure de la lutte suprême !

O crédules Parisiens, non ! vos ennemis avaient remarqué qu'un certain monticule, appelé *Mont-Valérien*, que quelques constructions connues sous les noms de forts de Vanves, de Montrouge, d'Issy, de Bicêtre, de la Briche, de Rosny, etc., pouvaient leur causer quelqu'ennui, dès lors, ils se sont abstenus. Gardiens vigilants de nos routes, nulle espèce d'aliment n'a pu leur échapper ; et, quand Paris, dévoué, sublime, a dû céder à la faim, à la terrible faim !... alors ils ont crié victoire.

> Que, de sa honteuse victoire,
> Guillaume enfle ses almanachs ;
> Ses soldats, sans cœur et sans gloire,
> N'ont vaincu que des estomacs !

Ah ! si les armées s'improvisaient ! mais, hélas !.. Honneur aux généraux, aux officiers, aux soldats, à tous ceux qui ont prouvé sur les champs de bataille qu'ils étaient les vrais fils de la France ! pauvre mère !... sa famille est pourtant nombreuse !... mais... pas de récriminations : courage ! espoir ! le temps ! le temps !!!

Dans les pages précédentes, nous avons vu que les forteresses prussiennes étaient d'accès facile : puisque nous nous sommes proposé de comparer, demandons à nos étonnants adversaires, si

Strasbourg, Metz, Phalsbourg, Toul, Thionville,
Bitche, Belfort, ne les ont pas parfois impatien-
tés, si les longues nuits et les longues journées
d'investissement ne contrastent pas avec la
promptitude des redditions prussiennes, et no-
tamment avec les sommations du général de cavalerie Lasalle devant Stettin, dont il franchit les
murs comme dans un steeple-chase; qu'en pen-
sez-vous, glorieux Allemands ?

Maintenant, assistons à l'entrée triomphante
des Prussiens dans Paris !

A Berlin, le 27 octobre 1806 * : « Napoléon entre
entouré de sa garde, et suivi par les beaux cui-
rassiers des généraux d'Hautpoul et Nansouty.
La garde impériale, richement vêtue, était ce
jour-là plus imposante que jamais, le peuple
était dans la rue, la riche bourgeoisie aux fenêtres. Napoléon, objet des regards d'une foule
immense, silencieuse, saisie de tristesse et d'admiration. Le lendemain de l'entrée des Français,
les boutiques étaient ouvertes, les habitants cir-
culaient dans les rues de la capitale en plus grand
nombre que de coutume. »

Le mercredi 1er mars, les Prussiens, au nombre
de 30,000, pénètrent dans les Champs-Elysées
par l'avenue de Neuilly, un emplacement leur
a été assigné aux termes des stipulations un
cordon de troupes françaises et de garde na-
tionale marque la limite dans laquelle les troupes
allemandes sont tenues de se renfermer; quel
singulier triomphe !! Qu'on se figure des indivi-

* M. Thiers, *Histoire du Consulat et de l'Empire*, t. 7, p. 175.

dus qui se sont promis d'assister à une fête somp-
tueuse dans les salons dorés d'un riche palais, et
qui sont obligés de rester dans le vestibule :
« Nous avions l'air, » disait un officier prussien
revenu à Versailles fort mécontent de cette mysti-
fication, « nous avions l'air d'être les prisonniers
des gardes nationaux. » En vérité, M. de Bismark
n'avait pas réfléchi : ses troupes, avides de voir
nos monuments, n'ont eu pour perspective que
l'Arc-de-Triomphe, sous lequel ils n'ont pas
pas passé; l'Arc-de-Triomphe, où sont inscrites
toutes nos victoires; malgré qu'on soit vain-
queur, on est médiocrement flatté de se rappeler
qu'on a été vaincu : sur la Seine, le pont d'Iéna.
Iena !! c'est fort désagréable; au fond, à la limite
de l'espace concédé, l'obélisque de Louqsor, qui,
pour eux, représente tous nos monuments. A
l'instar de cet Anglais qui, voyageant en Italie et
n'ayant encore vu que la servante de son hôtel
qui était rousse, écrivait sur son album que
toutes les Italiennes avaient les cheveux rouges.
Au retour en Allemagne, qu'on demande à
ces guerriers quel est le caractère architectural
de l'Opéra, du Louvre, de la Bourse ou du Pan-
théon? Ils répondront que c'est un édifice carré,
long, pointu, d'une couleur rougeâtre, sur lequel
sont gravés une quantité de petits oiseaux.

A sérieusement parler, les hommes conscien-
cieux, parmi nos ennemis ont dû s'étonner, peut-
être s'émouvoir du spectacle digne et imposant
qui s'offrait à leurs yeux : ces statues voilées, ces
drapeaux de deuil, les magasins, cafés et restau-

rants fermés même dans les quartiers les plus reculés; la vie de la grande ville suspendue !! Tout ceci ne ressemble guère au triomphe de Napoléon à Berlin. Il serait curieux de voir comment cette solennité avortée sera décrite dans les journaux d'outre Rhin. Ces écrivains-là sont capables de s'extasier et de verser de nouveau des torrents de gloire sur Guillaume et sur ses armées.

Non ! Cent fois non ! Réussite, oui ! Bonne affaire, soit : milliards et provinces, d'accord !..... mais gloire !... mensonge et hâblerie !

Votre gloire ! fût-elle resplendissante, il serait facile de l'obscurcir : vos déprédations, vos violences suffisent à vous couvrir de honte ! Le comte de Bismark, dans son *Moniteur officiel*, a tenté de protester contre les faits indignes reprochés à ses officiers, à ses soldats ! Il a prétendu que les nécessités de la guerre étaient parfois cruelles, qu'elle entraînait de regrettables conséquences; mais qu'en dehors de certains faits inévitables, l'armée allemande s'était constamment comportée dignement !

Cette protestation ne peut être accueillie. Quelques-uns des vôtres, plus sincères, ont reconnu que nos plaintes étaient fondées. Pour s'excuser, ils ont parlé de représailles. Nous faisons encore intervenir un historien illustre.

« A Berlin, le gouvernement de la bourgeoisie, présidé par le prince de Hatzfeld, remit les clefs de la ville au maréchal Davout, qui leur promit de respecter les personnes et les propriétés, à condition qu'il obtiendrait des habitants une soumission complète et des vivres pendant le temps fort court que son armée avait à passer dans leurs murs; ce qui, pour une ville telle que Berlin, ne pouvait constituer une charge bien pesante! Nous voici loin des 200 millions exigés de la ville de Paris, pour lui épargner la présence des troupes étrangères. On sait comment cette transaction a été respectée.

A Prenzlow, il y eut malheureusement quelques désordres causés par l'empressement des soldats à recueillir le butin qu'ils considéraient comme un fruit légitime de la victoire. L'état-major français déploya la plus grande fermeté pour protéger les officiers prussiens; les écrivains allemands leur ont eux-mêmes rendu cette justice.

En 1815, les départements du Nord de la France n'ont pas eu la même justice à rendre aux Prussiens.

Des représailles, justes ou non, ont donc été exercées en 1815. L'honnêteté consistait, à moins que l'honnêteté ne soit bannie des opérations militaires, à ne plus les renouveler : tout vous en faisait un devoir, votre conscience et le respect des lois de la civilisation !

Afin de rendre nulles toutes vos dénégations, cette appréciation des faits passés et présents sera suivi d'un travail d'enquête dans le département de Seine-et-Oise. Si partout où vous avez séjourné, où les mêmes excès ont eu lieu, un pareil recensement s'opère, la France possédera des archives qui seront conservées dans le cœur de tous ses enfants; on aura soin de les consulter à l'heure de la justice.

Pour nous, prisonniers dans Versailles pendant les six mortels mois de votre occupation, nous ne pouvons affirmer que ce que nous avons vu et éprouvé : des exigences fantastiques, des requisitions insensées, près de trois millions arrachés à une population de 40,000 âmes, une municipalité emprisonnée; deux membres du parquet, magistrats honorés de tous, sont jetés dans la cellule destinée aux malfaiteurs, puis traînés en Allemagne; leur crime est d'avoir correspondu avec l'ennemi! L'ennemi! c'est leurs amis, leur famille : ils ont osé souhaiter la délivrance de leur pays. A Versailles, votre discipline militaire a été observée, il est vrai, mais la présence de votre roi vous l'imposait; et, que sait-on? sa sûreté! la vôtre, peut-être ! !

Mais à Bougival, deux infortunés, M. Baudron et M. Martin, ce dernier commis chez M. Pointelet, *soupçonnés* d'avoir tiré sur les Prussiens sont fusillés.

Mais à Jouy, Ville-d'Avray, Garches, Montretout, Saint-Cloud ! partout dévastation, pillage et vol. Saint-Cloud! son palais, ses maisons! horrible destruction! OEuvre des bombes françaises, avez-vous dit ! mon cœur saigne et bondit en écrivant ces lignes!

L'armistice est signé! l'armistice, entendez-vous bien? Trois jours après : le feu dévore l'hôtel de la Tête-Noire et les maisons voisines que les projectiles avaient épargnées; l'atelier, un sanctuaire de l'art, l'atelier de Dantan, le sculpteur, est incendié! Par qui ?...

La guerre est suspendue!... Incendiés par vous! de malheureux habitants, restés au milieu des décombres, accourent pour sauver de la ruine leurs concitoyens absents; ils sont brutalement repoussés au milieu de sauvages éclats de rire!... et Guillaume, et Bismark, et de Moltke sont à Versailles!

..... J'abrége! Cette paix, que de sages esprits ont douloureusement acceptée; cette paix, dont j'ai reconnu l'implacable nécessité, je la regretterais!!!...

L'Europe nous a laissé sous votre étreinte! L'Europe s'est montrée égoïste! j'aurais le droit de dire jalouse; mais le soin de ses intérêts la sortira bientôt de cette fatale léthargie. Les preuves de votre indignité, nous les accumulerons afin de ranimer ses sentiments d'honneur et de hâter le châtiment.

(Le résultat de l'enquête faite dans le département sera prochainement publié, il formera la seconde livraison de ce travail.)

VERSAILLES. — TYP. CERF, 59, RUE DU PLESSIS.